BEI GRIN MACHT SICH IHR
WISSEN BEZAHLT

- Wir veröffentlichen Ihre Hausarbeit,
  Bachelor- und Masterarbeit

- Ihr eigenes eBook und Buch -
  weltweit in allen wichtigen Shops

- Verdienen Sie an jedem Verkauf

Jetzt bei www.GRIN.com hochladen
und kostenlos publizieren

Sascha Theis

Cloud Computing. Ein Einblick

GRIN Verlag

Bibliografische Information der Deutschen Nationalbibliothek:

Die Deutsche Bibliothek verzeichnet diese Publikation in der Deutschen National-
bibliografie; detaillierte bibliografische Daten sind im Internet über http://dnb.d-
nb.de/ abrufbar.

Impressum:

Copyright © 2013 GRIN Verlag GmbH
Druck und Bindung: Books on Demand GmbH, Norderstedt Germany
ISBN: 978-3-656-44334-6

Dieses Buch bei GRIN:

http://www.grin.com/de/e-book/214844/cloud-computing-ein-einblick

Inhaltsverzeichnis

1. Geschichte

Die Grundidee des Cloud-Computing ist bereits in der zweiten Hälfte des 20. Jahrhunderts entstanden und erstmals bekannt geworden. In den 1960er Jahren sagte John McCarthy: „Computation may someday be organized as a public utility"[1]. Im Jahr 1966 hat Douglas Parkhill das Buch mit dem Titel „The Challenge of the Computer Utility"[2] veröffentlicht. In diesem Buch geht es um die zukünftige Entwicklung der Computertechnologie. Die Idee des Cloud-Computing wurde darin, bereits zu dieser Zeit, detailliert beschrieben, jedoch noch nicht namentlich benannt.[3] Es begann die Entwicklung von Systemen, die dem Cloud Computing bereits sehr ähnlich gewesen sind. Die "Service Oriented Architecture" kapselte Datenbanken, Server und Websites und ermöglichte es, diese als kompletten Service zur Verfügung zu nutzen. Außerdem wurden einzelne Rechner zusammengeschlossen, um Ressourcen zu bündeln und die Leistungsfähigkeit zu erhöhen.[4] Mark Weiser, ein US-amerikanischer Informatiker[5], beschrieb im Jahre 1988 die Idee, dass Computer und das Internet dem Menschen vieles erleichtern und in alle Lebensbereiche vordringen würde[6], mit dem Begriff „Ubiquitous Computing"[7]. Die erste Nennung und sachgemäße Verwendung des Begriffs „Cloud-Computing" erfolgte im Jahr 1997 durch Ramnath Chellappa[8].

2. Was ist Cloud Computing?

Es werden viele IT-Dienste mit den Begriffen „Cloud" oder „Cloud Computing" in Verbindung gebracht. Es gibt viele Definitionen. Ich werde mich hier auf die Definition nach NIST (National Institute of Standards and Technology of the USA) stützen, weil diese allgemein anerkannt ist[9].

---

[1] Höllwarth, T., Cloud Migration, 2012, S.37
[2] Höllwarth, T., Cloud Migration, 2012, S.37
[3] Vgl. dazu Höllwarth, T., Cloud Migration, 2012, S.37
[4] Vgl. dazu Höllwarth, T., Cloud Migration, 2012, S.37-38
[5] Vgl. dazu Standford University, Mark Weiser, 2012
[6] Vgl. dazu Höllwarth, T., Cloud Migration, 2012, S.38
[7] Höllwarth, T., Cloud Migration, 2012, S.38 übersetzt „Allgegenwärtiges Rechnen" (Universität Potsdam, 2001)
[8] Vgl. dazu Höllwarth, T., Cloud Migration, 2012, S.37
[9] Vgl. dazu Höllwarth, T., Cloud Migration, 2012, S.38

2.1 Merkmale eines Cloud-Dienstes

2.1.1   On-demand self-service

Einem Kunden, werden die von einem Serviceanbieter angebotenen Ressourcen, bei Bedarf automatisch und ohne menschliche Interaktion bereitgestellt.[1]

2.1.2   Broad network access

Die vom Serviceanbieter zur Verfügung gestellten Ressourcen werden über ein Netzwerk bereitgestellt und der Zugriff erfolgt unabhängig vom Client (z.B. Laptop).[2]

2.1.3   Resource pooling

Es wird ein „Multi-Tenant-Modell" verwendet. Dies bedeutet, dass physikalische und virtuelle Ressourcen, je nach Bedarf, dynamisch an Benutzer verteilt werden. Diese Ressourcen werden ortsunabhängig bereitgestellt, wobei bei entsprechender vertraglicher Vereinbarung auch bestimmte Speicherorte (z.B. das Land) festgelegt werden können.[3]

2.1.4   Rapid elasticity

Die Ressourcen oder Services werden vom Provider rasch und elastisch zur Verfügung gestellt, sodass aus Sicht des Kunden quasi keine Engpässe vorherrschen und es so aussieht, als ob unendliche viele Ressourcen verfügbar wären.[4]

2.1.5   Measured services

Die vom Kunden genutzten Ressourcen werden vom Service Provider gemessen und überwacht, sodass für den Kunden eine entsprechende Transparenz über die verbrauchten und verrechneten Leistungen entsteht.[5]

---

[1] Vgl. dazu National Institute of Standards and Technology of the USA, Cloud Definition, 2011, S.2 eigene Übersetzung
[2] Vgl. dazu National Institute of Standards and Technology of the USA, Cloud Definition, 2011, S.2 eigene Übersetzung
[3] Vgl. dazu National Institute of Standards and Technology of the USA, Cloud Definition, 2011, S.2 eigene Übersetzung
[4] Vgl. dazu National Institute of Standards and Technology of the USA, Cloud Definition, 2011, S.2 eigene Übersetzung
[5] Vgl. dazu National Institute of Standards and Technology of the USA, Cloud Definition, 2011, S.2 eigene Übersetzung

2.2 Einteilung nach technischen Modellen

Neben dieser grundsätzlichen Definition werden die Cloud-Services nach NIST in drei unterschiedliche technische Modelle eingeteilt:

2.2.1   Infrastructure as a Service (IaaS)

In diesem Service-Modell werden dem Kunden fundamentale IT-Ressourcen wie Rechenleistung, Arbeitsspeicher oder Speicherplatz angeboten. Auf die eigentliche Cloud-Infrastruktur wird kein Zugriff gewährt, jedoch kann zum Beispiel ein beliebiges Betriebssystem gewählt werden. [1] Ein Beispiel hierfür wäre das Angebot von Onlinespeicher durch Filehoster, wie zum Beispiel Rapidshare.

2.2.2   Platform as a Service (PaaS)

Hier wird dem Kunden Zugriff auf eine eigene Cloud-Infrastruktur angeboten. Ihm werden entsprechende Schnittstellen und Programmierwerkzeuge zur Verfügung gestellt, womit er selbst Applikationen erstellen kann. [2] Ein Beispiel ist salesforce.com. Das Unternehmen stellt eine Entwicklungs- und Betriebs-Plattform öffentlich im Internet zur Verfügung. Dort können Anwendungen von den Kunden selbst programmiert werden. [3]

2.2.3   Software as a Service (SaaS)

Dem Kunden wird die Möglichkeit gegeben, eine vom Serviceanbieter entwickelte und in einer Cloud-Infrastruktur zur Verfügung gestellte Software zu nutzen. Auf die Applikationen kann über verschiedene Schnittstellen und Clients zugegriffen werden. [4] Shopbaukastensysteme von Anbietern, wie zum Beispiel "Strato", sind ein Beispiel für ein SaaS-Modell.

---

[1] Vgl. dazu National Institute of Standards and Technology of the USA, Cloud Definition, 2011, S.2-3 eigene Übersetzung
[2] Vgl. dazu National Institute of Standards and Technology of the USA, Cloud Definition, 2011, S.2-3 eigene Übersetzung
[3] Vgl. dazu Salesforce.com Germany GmbH, Platform as a Service, 2012, Reiter "Was wir tun"
[4] Vgl. dazu National Institute of Standards and Technology of the USA, Cloud Definition, 2011, S.2-3 eigene Übersetzung

2.3 Einteilung nach Zielgruppen

2.3.1 Public Cloud

Die Cloud-Infrastruktur wird von einer öffentlichen Organisation oder einem Unternehmen betrieben. Der Cloud-Service steht der gesamten Allgemeinheit zur Nutzung bereit.[1]

2.3.2 Private Cloud

Im Rahmen einer Private Cloud wird die Cloud-Infrastruktur nur für einen speziellen Kunden betrieben. Ein Zugriff durch Dritte ist nicht möglich, es sei denn, dass dies gewünscht ist.[2]

2.3.3 Community Cloud

Hier teilen sich mehrere Anwender die Cloud-Infrastruktur bzw. den –Service. Der Zugriff ist dabei auf die gewünschten Anwender beschränkt und nicht öffentlich.[3]

2.3.4 Hybrid Cloud

Werden mehrere eigenständige Cloud-Infrastrukturen miteinander verknüpft, so spricht man von einer Hybrid Cloud. Zum Beispiel kann ein Teil eines Dienstes der Öffentlichkeit zur Verfügung gestellt werden, während der andere Teil nur intern genutzt werden kann.[4]

---

[1] Vgl. dazu National Institute of Standards and Technology of the USA, Cloud Definition, 2011, S.3 eigene Übersetzung
[2] Vgl. dazu National Institute of Standards and Technology of the USA, Cloud Definition, 2011, S.3 eigene Übersetzung
[3] Vgl. dazu National Institute of Standards and Technology of the USA, Cloud Definition, 2011, S.3 eigene Übersetzung
[4] Vgl. dazu National Institute of Standards and Technology of the USA, Cloud Definition, 2011, S.3 eigene Übersetzung

3. Ökonomische Betrachtung

3.1 Chancen

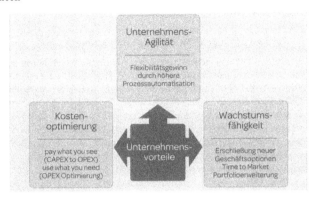

Abbildung 1: Unternehmensvorteile - Höllwarth, T., Cloud Migration, 2012, S.22

Die Wachstumsfähigkeit eines Unternehmens wird erhöht, weil die time-to-market drastisch reduziert wird. Benötigt ein Unternehmen neue Software muss es diese nicht selbst programmieren oder programmieren lassen. Es nutzt vorhandene Möglichkeiten eines Cloud-Anbieters. [1] Das Unternehmen kann durch die Nutzung von Cloud Computing seinen Kunden selbst einen Mehrwert erzeugen und dadurch sein Portfolio erweitern.

Die Agilität eines Unternehmens wird dadurch erhöht, dass schnell auf Änderungen reagiert werden kann. Benötigte Ressourcen können schnell angefordert und genutzt oder wieder abgestoßen werden. Die Flexibilität erhöht sich auch dadurch, dass in einer Cloud abgelegte Daten von überall und mit vielen Geräten abgerufen werden können. [2]

Wie bei vielen unternehmerischen Entscheidungen, stellt die Kostenoptimierung einen wichtigen Faktor dar. Je nach Cloud Service kann der Kauf von Hardware, die Einrichtung von Hardware und Software im Unternehmen und die Wartung eingespart werden. [3] Neben dieser Optimierung ist auch die Einsparung von Ressourcen für besondere Lasten gemeint. Unternehmen, deren IT-Infrastruktur punktuell stark belastet wird, zum Beispiel die der Lebensmitteleinzelhändler während der Weihnachtszeit, müssen sich eine Rechenleistung vorhalten, die den Lasten gerecht wird.

---

[1] Vgl. dazu Frauenhofer Institut, Cloud Computing, 2011, S.4
[2] Vgl. dazu Frauenhofer Institut, Cloud Computing, 2011, S.5
[3] Vgl. dazu Frauenhofer Institut, Cloud Computing, 2011, S.4

Den Rest des Jahres ist diese jedoch überflüssig. Die Kosten der Anschaffung, des Betriebes und der Wartung, dieser im Grunde genommen, fast überflüssigen Ressourcen, sind einsparbar. Das gleiche Problem tritt während wirtschaftlicher schlechter Zeiten auf, in denen der Absatz allgemein sinkt. Die Ressourcen wären weiterhin vorhanden und würden Kosten erzeugen. Die folgende Grafik verdeutlicht das Einsparpotenzial.

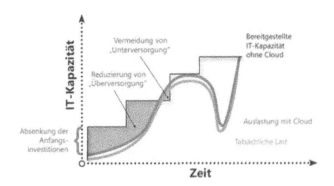

Abbildung 2: Einsparpotenzial - Microsoft, Werbebroschüre, 2011, S.3

3.2 Risiken

Wie wir erfahren haben, hat die Nutzung von Cloud Computing viele Vorteile. Mit der Einführung und Nutzung von Cloud Systemen sind aber ebenfalls Risiken verbunden. Die "Cloud Security Alliance", der über 100 Unternehmen, unter anderem Amazon und Siemens, angehören, hat Gefahren beschrieben. Ich nehme auf vier Bezug.[1]

3.2.1   Zugriff auf Daten durch Unberechtigte

Der Zugriff auf die Daten durch unberechtigte Personen ist ein zentrales Problem, sei es dadurch, dass sich Hacker in ein System einklinken oder Mitarbeiter nachlässig mit der Sicherheit umgehen. Denn mit entsprechenden Fähigkeiten, kann die Person, neben dem Zugriff, die Daten auch verändern, löschen oder veröffentlichen. Die Folgen können gravierend sein.[2] Stellen Sie sich ein Krankenhaus vor, dass seine Patientendaten, über einen Clouddienst, auf fremden Servern speichert. Wenn diese Daten bearbeitet oder sogar gelöscht werden würden, hätte dies fatale Auswirkungen.

---

[1] Vgl. dazu Cloud Security Alliance, Mitglieder, 2012
[2] Vgl. dazu Höllwarth, T., Cloud Migration, 2012, S.92

3.2.2   Hardwarebedingte Risiken

Beim Cloud Computing werden die Daten mehrerer Anwender auf bzw. mit den gleichen Systemkomponenten gespeichert, bearbeitet, usw. Die Systeme der einzelnen Anwender müssen komplett voneinander isoliert sein. Die meiste Hardware ist nicht dafür entwickelt worden, für mehrere, voneinander isolierte Systeme, genutzt zu werden. Hacker konzentrieren sich auf diese Schwachstelle.[1]

3.2.3   Diebstahl von Benutzerkonten

Der Diebstahl von Benutzerkonten oder Zugangsdaten ermöglicht es Kriminellen, leicht und oft unbemerkt auf die Cloud Services zuzugreifen. Das Risiko des Zugriffs auf sensible Daten wird dadurch erhöht, wenn vielen Mitarbeitern umfangreiche Zugriffsrechte eingeräumt werden, obwohl diese Mitarbeiter diese gar nicht benötigen.[2]

3.2.4   Korrupte Mitarbeiter

Die Gefahr, dass Mitarbeiter Ihre Zugriffsrechte ausnutzen, ist nicht zu unterschätzen. Mitarbeiter könnten sensible Daten an die Konkurrenz weiterleiten, bearbeiten oder löschen, wenn sie sich schlecht behandelt fühlen oder aus anderen Beweggründen handeln.[3]

4. Sicherheitsmaßnahmen

Die Anwender und Cloud Service Anbieter müssen Sicherungsvorkehrungen treffen, um die oben beschriebenen Gefahren auszuschließen bzw. zu reduzieren. Für Unternehmen ist es von besonderer Wichtigkeit darauf zu achten, dass der Anbieter, die Daten und Prozesse optimal schützt.

4.1 Zugriffsrechte und Wichtigkeit der Daten

Um die Daten innerhalb der Cloud zu schützen, sollten die Daten in unterschiedliche Sicherheitsstufen eingeteilt werden und dementsprechend unterschiedlich stark geschützt werden. Dazu ist eine exakte Klassifizierung der Daten notwendig. Unternehmen müssen sich klar darüber werden, welche Daten besonders wichtig sind.

---

[1] Vgl. dazu Höllwarth, T., Cloud Migration, 2012, S.92
[2] Vgl. dazu Höllwarth, T., Cloud Migration, 2012, S.93
[3] Vgl. dazu Höllwarth, T., Cloud Migration, 2012, S.93

Der Schutz kann über die Schaffung eines komplexen Zugriffsrechtekonzepts erfolgen.[1] Die Zugriffsrechte sollten streng nach Bedarf verteilt werden. Kein Mitarbeiter sollte mehr Rechte bekommen wie er benötigt, weil dies die Gefahren eines Missbrauchs erhöht.

4.2 Speicherung der Daten

Die Speicherung der Daten muss verschlüsselt erfolgen. Die Verschlüsselungsverfahren müssen möglichst umfangreich und komplex sein. Je stärker das Verschlüsselungsverfahren, desto sicherer die Daten. Anbieter müssen diese Verfahren kontinuierlich verbessern und anpassen, weil auch die Methoden der Kriminellen immer besser werden und mit steigender Rechenkapazitäten, Codes leichter zu knacken sind. Neben der reinen Speicherung der Daten innerhalb der Cloud, muss der Rechenzugriff auf die Daten innerhalb der Cloud möglichst gut verschlüsselt werden.[2] Hier besteht das Problem, dass momentane Verschlüsselungsmethoden keinen Rechenzugriff des Kunden, auf die Daten innerhalb der Cloud ermöglichen, ohne, dass diese entschlüsselt werden. Der Anbieter entschlüsselt die Daten, führt die Berechnungen durch und verschlüsselt die Daten und das Ergebnis wieder und leitet letzteres an den Kunden weiter. Dem Anbieter und eventuellen Kriminellen werden hier die unverschlüsselten Daten präsentiert.[3] Dies sollte vermieden werden. Forscher arbeiten derzeit an einer neuen Verschlüsselungsmethode, der „homomorphen Verschlüsselung". Wird ein System mit dieser Methode verschlüsselt, müssten die Daten nicht vom Cloud Provider entschlüsselt werden. Die Sicherheit würde signifikant erhöht werden.

4.3 Datentransfer

Der Transfer der Daten ist besonders angriffsgefährdet. Hier muss auf eine sichere und verschlüsselte Übertragung der Daten geachtet werden.[4]

---

[1] Vgl. dazu Höllwarth, T., Cloud Migration, 2012, S.94
[2] Vgl. dazu Höllwarth, T., Cloud Migration, 2012, S.94-95
[3] Vgl. dazu Zbick, Niklas A., Homomorphe Verschlüsselung, 2012, S.1-2
[4] Vgl. dazu Höllwarth, T., Cloud Migration, 2012, S.95

5. Umfrage des Frauenhofer Instituts

Das Frauenhofer Institut hat 61 Personen, aus verschiedenen Unternehmen zum Thema „Stand der Cloud" befragt. Auf diese Umfrage stütze ich meine weiteren Ausführungen. Ich werde mich auf die Entwicklung der Cloud aus Sicht der Anwender beschränken. Folgende Grafiken zeigen die Verteilung der Befragten nach Rolle und Branche.[1]

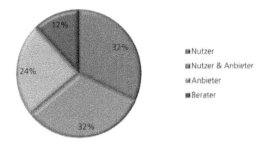

Aufteilung der Befragten nach der Rolle ihrer Unternehmen hinsichtlich Cloud Computing

Abbildung 3: Unternehmensrolle - Frauenhofer Institut, Cloud Computing, 2011, S.8

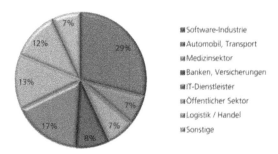

Aufteilung der Befragten nach Branche

Abbildung 4: Branchen - Frauenhofer Institut, Cloud Computing, 2011, S.9

---

[1] Vgl. dazu Frauenhofer Institut, Cloud Computing, 2011, S.7

9

5.1 Erwartungen

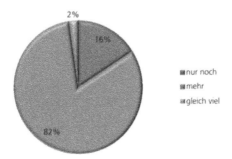

Abbildung 5: Erwartungen - Frauenhofer Institut, Cloud Computing, 2011, S.14

Eine große Mehrheit der Unternehmen geht davon aus, dass sie Cloud Services in den nächsten 5 Jahren mehr genutzt werden. Bemerkenswert ist, dass kein Unternehmen davon ausgeht, dass die Nutzung der Clouds in Zukunft zurückgehen wird.

5.2 Ziele

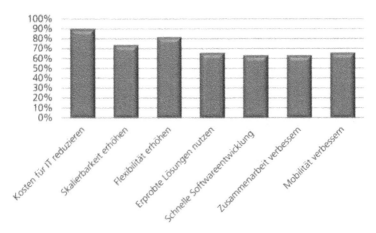

Abbildung 6: Ziele der Nutzer - Frauenhofer Institut, Cloud Computing, 2011, S.15

Die drei wichtigsten Ziele aus Anwendersicht sind:

Kosten für IT reduzieren (89%)

Flexibilität erhöhen (82%)

Skalierbarkeit(Übertragbarkeit) erhöhen (74%)

Die Kosteneinsparung ist laut dieser Umfrage der wichtigste Beweggrund. Die Erhöhung der Flexibilität spielt aber eine fast ebenso große Rolle. Für die Unternehmen scheint es sehr wichtig zu werden, auf Änderungen schnell reagieren zu können.

5.3 Bedenken

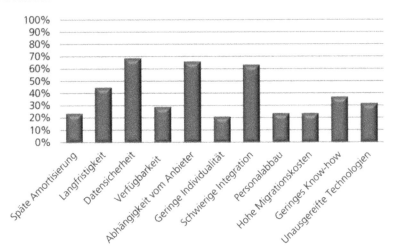

Abbildung 7: Bedenken der Nutzer - Frauenhofer Institut, Cloud Computing, 2011, S.16

Am meisten haben die Unternehmen Bedenken in Bezug auf die

Datensicherheit (68%)

Abhängigkeit vom Anbieter (66%)

schwierige Integration (62%)

Die Datensicherheit ist und bleibt der kritischste Faktor. Interessanterweise fürchten die Unternehmen sich in fast gleichem Maße vor einer Abhängigkeit vom jeweiligen Anbieter und einer schwierigen Integration. Die anderen Bedenken sind prozentual deutlich schwächer vertreten. Mit knapp 20% ist die späte Amortisierung fast die geringste Angst der Unternehmen. Die Unternehmungen scheinen sicher zu sein, dass Cloud Computing sich schnell rentiert.

6. Wie finde ich den passenden Anbieter?

Es gibt viele verschiedene Anbieter von Cloud Services. Wie wir in den vorhergegangenen Abschnitten erfahren haben, gibt es viele Vorteile, aber auch viele Risiken. Es müssen umfangreiche Sicherungsmaßnahmen seitens des Cloud Anbieters getroffen werden. Die Auswahl eines kompetenten Partners ist hier von besonderer Bedeutung.

6.1 Anforderungen eines Cloud Anwenders

„Sicherheit, Transparenz, Skalierbarkeit, Kontrollmöglichkeiten, Integrationsfähigkeit- und aufwand, Flexibilität, Wirtschaftlichkeit, Compliance" [1] sind generelle Anforderungen eines Kunden an einen Cloud Anbieter. Die Wirtschaftlichkeit und Flexibilität eines Angebots sind relativ leicht zu überprüfen. Die Punkte Sicherheit und Kontrollmöglichkeiten sind meist schwer analysierbar.

6.1.1   Sicherheit

An den Datenschutz und die Datensicherheit müssen besondere Anforderungen gestellt werden. Beispielsweise ist es für einen Cloud Anwender wichtig zu wissen, in welchem Land der Cloud Anbieter seinen Sitz hat bzw. dessen Server stehen. Es gibt viele Länder, deren Bestimmungen zum Datenschutz und der Datensicherheit, teils deutlich schwächer sind, wie die der Bundesrepublik Deutschland. Es ist jedoch sehr schwer für einen Dritten, die Komplexität des Standortnetzwerks eines Anbieters, wie zum Beispiel dem von Google, zu durchschauen.

6.1.2   Kontrollmöglichkeiten

Für Anwender ist es wichtig über entsprechende Kontrollmöglichkeiten zu verfügen, um die Arbeitsverfahren und Sicherungsmaßnahmen des Anbieters zu überwachen oder zumindest nachvollziehen zu können. Dies ist äußerst schwierig. Die Systeme der Anbieter sind äußerst groß und komplex. Es ist praktisch unmöglich nachzuvollziehen, welche Daten vom Anbieter wo und wie gespeichert, verwendet und geschützt werden. [2]

---

[1] Höllwarth, T., Cloud Migration, 2012, S.200
[2] Vgl. dazu Höllwarth, T., Cloud Migration, 2012, S.201

6.2 Euro-Cloud Zertifizierung

Um die Qualität eines Cloud Services für einen Anwender besser und leichter ersichtlich zu machen, gibt es verschiedene Methoden. Beispielsweise wurde der ISO 27001 Standard entwickelt. Dieser prüft wichtige Punkte in Bezug auf die Datensicherheit und den Datenschutz, jedoch ist sind die Prüfkriterien teilweise schwammig formuliert. Das Prüfverfahren bzw. die Ergebnisse sind für Dritte nur schwer verständlich.[1]

Um die Transparenz und die Verständlichkeit für Dritte zu erhöhen hat die Organisation EuroCloud die Zertifizierung „EuroCloud Star Audit" entwickelt. Auditoren prüfen die Services eines Cloud Anbieters und erteilen die verschiedenen Zertifikate. Dabei erhalten geprüfte Unternehmen Sterne. Diese belegen, wie zum Beispiel bei der Zertifizierung von Hotels, das Vorhandensein bestimmter Mechanismen, Sicherungsmaßnahmen und Services. Die Prüfanforderungen werden unter anderem mit öffentlichen Forschungseinrichtungen, Rechtsexperten und Wirtschaftsprüfern abgestimmt.[2]

Bei der Zertifizierung wird auf folgende Kategorien geachtet:

"Profil des Anbieters, Vertragliche Bestimmungen, Sicherheit, Infrastruktur und deren Betrieb, Prozesse, Anwendung, Implementierung"[3]

Je nachdem welche Kriterien erfüllt und nicht erfüllt werden, wird der Cloud Anbieter mit unterschiedlich vielen Sternen oder gar keinem zertifiziert.

Einen Stern erhält ein Anbieter wenn er zum Beispiel im EU-Handelsregister eingetragen ist, die Datenschutzmaßnahmen konform mit den Bestimmungen des Bundesdatenschutzgesetzes sind und die Kündigungsbedingungen nachvollziehbar sind.[4] Die Anforderungen an einen Anbieter steigern sich signifikant. Um eine 5 Sterne Zertifizierung zu erhalten, muss der Cloud Anbieter zum Beispiel gewährleisten, dass alle Daten zu 99,99% verfügbar sind und die Daten redundant gespeichert werden.[5]

---

[1] Vgl. dazu Höllwarth, T., Cloud Migration, 2012, S.201-202
[2] Vgl. dazu Höllwarth, T., Cloud Migration, 2012, S.202
[3] Höllwarth, T., Cloud Migration, 2012, S.202-203
[4] Vgl. dazu Höllwarth, T., Cloud Migration, 2012, S.203
[5] Vgl. dazu Höllwarth, T., Cloud Migration, 2012, S.206

7. Zusammenfassung

Zusammenfassend lässt sich sagen, dass das Thema Cloud Computing sehr umfangreich ist. Die Idee dazu entstand bereits in der Mitte des 20. Jahrhunderts. Es entwickelte sich bis heute zu einem aufstrebenden und populären IT-Dienst. Cloud Computing wird in Zukunft mehr verwendet werden und in viele Lebensbereiche vordringen. Die Anwender können vielen Vorteilen profitieren und Ihre IT schlanker gestalten. Die Anbieter stehen vor der Aufgabe, die Bedenken der Nutzer zu reduzieren und insbesondere den Datenschutz und die Datensicherheit zu erhöhen.

Literaturverzeichnis

Höllwarth, Tobias (2012): Cloud Migration, 2.Auflage, Heidelberg, mitp

National Institute of Standards and Technology of the USA (2011): Cloud Definition; http://csrc.nist.gov/publications/nistpubs/800-145/SP800-145.pdf Zugriff: 20.12.2012

Salesforce.com Germany GmbH (2012): Platform as a Service, Reiter "Was wir tun"; http://www.salesforce.com/de/company/ Zugriff: 20.12.2012

Frauenhofer Institut (2011): Cloud Computing; http://www.iese.fraunhofer.de/content/dam/iese/de/dokumente/oeffentliche_studien/iese-035_11.pdf Zugriff: 20.12.2012

Cloud Security Alliance (2012): Mitglieder; https://cloudsecurityalliance.org/membership/corporate/ Zugriff: 20.12.2012

Zbick, Niklas A. (2012): Homomorphe Verschlüsselung; http://www-jj.cs.tu-dortmund.de/secse/pages/teaching/ss12/mbse-sem/pub/Ausarbeitung_Zbick.pdf Zugriff: 20.12.2012